CARDINAL IN MY WINDOW
WITH A MASK ON ITS BEAK

———

CARDENAL EN MI VENTANA
CON UNA MÁSCARA EN EL PICO

WINNER OF THE 2021 AMBROGGIO PRIZE OF THE ACADEMY OF AMERICAN POETS

Selected by Rigoberto González

Sponsored by the Academy of American Poets, the Ambroggio Prize is given annually
to the winner of an open competition among American poets whose primary language is Spanish.

CARDINAL IN MY WINDOW WITH A MASK ON ITS BEAK

CARLOS AGUASACO

TRANSLATED BY JENNIFER RATHBUN

THE UNIVERSITY OF
ARIZONA PRESS

TUCSON

The University of Arizona Press
www.uapress.arizona.edu

We respectfully acknowledge the University of Arizona is on the land and territories of Indigenous peoples. Today, Arizona is home to twenty-two federally recognized tribes, with Tucson being home to the O'odham and the Yaqui. Committed to diversity and inclusion, the University strives to build sustainable relationships with sovereign Native Nations and Indigenous communities through education offerings, partnerships, and community service.

ISBN-13: 978-0-8165-4515-5 (paperback)

Cover design by Leigh McDonald
Designed and typeset by Leigh McDonald in Adobe Jenson Pro, 10.5/14 and Braveblood (display).

Library of Congress Cataloging-in-Publication Data
Names: Aguasaco, Carlos, author. | Rathbun, Jennifer, translator.
Title: Cardinal in my window with a mask on its beak / Carlos Aguasaco ; translated by Jennifer Rathbun.
Description: Tucson : University of Arizona Press, 2022. | Poems in English and Spanish.
Identifiers: LCCN 2021027305 | ISBN 9780816545155 (paperback)
Subjects: LCSH: Social justice—Poetry. | Immigrants—United States—Poetry. | LCGFT: Poetry.
Classification: LCC PQ7079.3.A29 C37 2022 | DDC 861/.7—dc23/eng/20211102
LC record available at https://lccn.loc.gov/2021027305

Printed in the United States of America
♾ This paper meets the requirements of ANSI/NISO Z39.48-1992 (Permanence of Paper).

Este libro está dedicado a:

los sin casa   los sin techo
                    los mendigos

            los que cantan *a capella*
            y los esquizofrénicos . . .

This book is dedicated to:

the homeless   those without a roof over their heads
                    the beggars

            those who sing *a capella*
            and the schizophrenic . . .

Los que no han inventado ni la pólvora ni la brújula
los que nunca han sabido domar ni el vapor ni la electricidad
los que no han explorado ni los mares ni el cielo
pero sin los cuales la tierra no sería la tierra
—Aimé Césaire

Those who invented neither powder nor compass
those who could harness neither steam nor electricity
those who explored neither the seas nor the sky
but those without whom the earth would not be the earth
—Aimé Césaire

CONTENIDO / CONTENTS

CARDINAL IN MY WINDOW
WITH A MASK ON ITS BEAK

———

CARDENAL EN MI VENTANA
CON UNA MÁSCARA EN EL PICO

DOS FLORES   DE CARDO SANTO   EN EL DESIERTO   DE ARIZONA

en la distancia
crecen a cada paso
de sur a norte
como los sueños
en sus gargantas
también viaja su voz
allí   me esperan
y su mano

como espejismo
de migrantes
como el trabajo
de sur a norte
viaja la sed
en sus gargantas
mis padres
entreabierta

dos flores
que avanzan
de sur a norte
como el dolor
en sus gargantas
como una flor
dice un niño
señala a los cardos

Es cierto
allí aguardan

allí aguardan
tomados de la mano

convertidos en flor
allí aguardan

y sus entrañas alimentan la flor que les crece desde el vientre
y su sangre ya seca se ha convertido en savia

TWO HOLY   THISTLE FLOWERS   IN THE DESERT   OF ARIZONA

in the distance	like a mirage	two flowers
grow with every step	of immigrants	who travel
from south to north	like work	from south to north
like dreams	from south to north	like pain
in their throats	thirst travels	in their throats
their voices travel	too in their throats	like a flower
my parents	will meet me there	a boy says
and his hand	half-open	points to the thistles

It's true	they wait there	turned into flowers
they wait there	holding hands	they wait there

and their bowels nourish the flower growing from their stomachs
and their blood has already dried and turned into sap

OTA NO[B]ENGA   EL MEXICANO

Ota Benga
(Ituri, Congo 1883–1916 Lynchburg, Virginia)

Ota Benga   el congolés   descalzo en una jaula
                                    en el Zoológico de El Bronx
                                    abraza a un chimpancé   y los turistas sonríen
¿Es este el desarrollo?   ¿Es esta la libertad?   ¿América?
Los bien intencionados activistas se movilizan y exigen que lo saquen de la jaula

La cartografía de su vida se extiende   y se agota
        Kasai—Batwa—St. Louis—El Bronx—Brooklyn—Lynchburg

Ota No[B]enga   el mexicano   el niño sin nombre vestido de gris y azul
                        descalzo en una jaula
                                de ICE en McAllen—Texas
                                se lleva las manos a la boca y en voz baja repite
                                Ota—no—venga   Ota—no—venga—aquí
                        Ota—no—venga—aquí
                        y llora y patalea
                        con sus veinticuatro meses de llanto
                        con sus veinticuatro meses de dolor

                        y un cínico innombrable con peluca anaranjada
                        se revienta de risa en Washington
                        y dice que el niño está mejor así
                        mira a la cámara y lo repite
                        con su corbata roja mal planchada
                        con su bronceado falso y su estulticia
                        lo repite
                        quinientas cuarenta y cinco veces
                        sin perturbarse
¿Es este el desarrollo?   ¿Es esta la libertad?   ¿América?

OTA BENGA   THE MEXICAN   DON'T COME HERE

Ota Benga
(Ituri, Congo 1883–1916 Lynchburg, Virginia)

Ota Benga   the Congolese   barefoot in a cage
                                 in the Bronx Zoo
                                 hugs a chimpanzee   and the tourists smile
Is this progress?   Is this liberty?   America?
Well-intentioned activists mobilize and demand they remove him from the cage

The cartography of his life unfolds   and wears thin
        Kasai—Batwa—St. Louis—The Bronx—Brooklyn—Lynchburg

Ota Benga   the Mexican   don't come here   nameless boy dressed in gray and blue
        barefoot in an ICE
                        cage in McAllen—Texas
                        takes his hands to his mouth and softly repeats
                                Ota—don't—come   Ota—don't—come—here
                Ota—don't—come—here
                and cries and kicks
                with his twenty-four months of tears
                with his twenty-four months of pain

                and an unmentionable cynic with an orange wig
                bursts out laughing in Washington
                and says that the boy is better that way
                he looks at the camera and repeats it
                with his poorly-ironed red tie
                with his fake tan and his stupidity
                he repeats it
                five hundred and forty-five times
                without being moved
Is this progress?   Is this liberty?   America?

SARAH BAARTMAN   FRENTE AL ESPEJO   REPUGNANTE DE LA CODICIA

oh vida por vivir y ya vivida,
tiempo que vuelve en una marejada
y se retira sin volver el rostro
Octavio Paz

Londres   noviembre 24   de 1810   Egyptian Hall

Papel moneda   le dicen a la corteza del árbol
hecha hojas rectangulares
con tinta por savia
        en las faltriqueras de los curiosos
que   como frutos   pasan
de mano en mano   intercambiadas   de mano en mano
        con la promiscuidad obsesiva del coleccionista

¿Qué buscan Hendrik y William   Grenville y Sheridan   en mi desnudez?
—Se pregunta Sarah Baartman   y levanta sus ojos enormes
        para ver   en lontananza

aquí el asombro tiene precio   y el hombre blanco trafica con el espanto
aquí la risa y la codicia salen a la calle cubiertas con pelucas
        y levantan su bastón para anunciarse entre la gente
¿Cómo puede Londres vestir el amor con papel moneda?
¿Por qué exhibe Londres la soledad   del Otro   su cuerpo desnudo en un escaparate?
¿Fue suya la idea de importar   la experiencia   y de venderla a plazos?

No es mi cuerpo lo que asombra a quienes pagan la entrada para verme
no es mi carne la que tocan   ni es mi aroma el que perciben
no ha sido mi amor ni mi ausencia lo que les trae hasta aquí
no es mi voz   la que escuchan   al cerrar los ojos y estirar los dedos

el espectáculo no soy yo   Sarah   Saartje   Saartjie

SARAH BAARTMAN   FACING THE MIRROR   REPUGNANT FROM LUST

> *oh life to live, life already lived,*
> *time that comes back in a swell of sea,*
> *time that recedes without turning its head*
>   *Octavio Paz*

London   November 24   of 1810   Egyptian Hall

Paper money   they call the bark of a tree
made into rectangular leaves
with ink for sap
            in the pockets of the curious
that   like fruit   passes
from hand to hand   exchanged   from hand to hand
                        with the obsessive promiscuity of the collector

What do Hendik and William   Grenville and Sheridan   seek in my nakedness?
—Sarah Baartman asks herself   and raises her enormous eyes
                        to see   faraway

here amazement has a price   and the white man traffics with fear
here smiles and lust go out on the street covered with wigs
                        and they raise their cane to announce their arrival
How can London dress up love in paper money?
Why does London exhibit the solitude   of the Other   her naked body in a showcase?
Was it her idea to import   the experience and sell it in installments?

It's not my body that amazes those who buy a ticket to see me
it's not my flesh that they touch   it's not my aroma they perceive
it's not my love or my absence that's brought them here
it's not my voice   they hear   when they close their eyes and stretch their hands

I'm not the spectacle   Sarah   Saartje   Saartjie

este cristal   debes saber   es un espejo convexo   como mi cuerpo
esta vitrina   es mi escafandra   mi abrigo

aquí conservo la memoria del baobab   y su sombra en la tierra
desde aquí añoro su corteza tibia   y milenaria como mi piel
su fruto de pulpa agridulce y generosa   su memoria en lengua
                                         su lengua de vida
                             vida que bebí de los pechos de mi madre
                             vida por vivir   y ya vivida

you should know   this glass   is a convex mirror   like my body
this glass   is my diving suit   my coat

I keep the memory of baobab here   and its shade on the earth
from here I miss its bark   warm and millenary like my skin
its fleshy fruit sour-sweet and lavish   its memory on my tongue
                                       its tongue of life
          life that I drank from my mother's breast
          life to live   life already lived

EL GIGANTE DE CHUMBIVILCAS ABRAZA A UN CHOLO   VESTIDO CON TRAJE

"Juan de la Cruz Sihuana, gigante de Llusco,
provincia de Chumbivilcas.
Mide dos metros diez centímetros de estatura,
pesa 290 libras y tiene más de cincuenta años."
La Crónica, 4 de octubre de 1925

La voz de   Juan de la Cruz Sihuana   tibia como sus manos
                  se extiende en la memoria   del papel fotográfico
su figura   cordillera de sombras   inagotable como los Andes
         avanza por la calle empedrada
         y Cuzco se elonga   con cada paso
         de sus llanques   ojotas enormes

A contra luz   desciende el sol   *Pachacuti* en las alturas

en la distancia un cóndor extiende sus alas en el aire
         y Juan de la Cruz sonríe   bajo su chullo de alpaca
         extiende los brazos fuera del poncho
         y en medio de la calle imita en viaje en círculos del *kuntur*

Al llegar al estudio fotográfico   Sihuana entra en mis dominios
soy el poeta de la luz   y la sombra   le digo en nuestra lengua

preparo la máquina   y lo retrato   junto a un cholo de traje y gomina
                                                 corbata de moño y mancuernas

El cholo   soy yo   Martín   Martín Chambi
y el cóndor eres tú   Juan de la Cruz Sihuana
y este abrazo que me obsequias
                  la mano que me sostiene
y tu mirada diáfana como un espejo de agua

                  ya perduran   en la luz
                  memoria de sombras

THE GIANT FROM CHUMBIVILCAS EMBRACES A MESTIZO   DRESSED IN A SUIT

"Juan de la Cruz Sihuana, giant from Cusco,
providence of Chumbivilcas.
Stands six feet nine inches tall,
weighs 290 pounds and is more than fifty years old."
La Crónica, October 4, 1925

The voice of   Juan de la Cruz Sihuana   warm like his hands
                    extends in the memory   of the photo paper
his figure   cordillera of shadows   boundless like the Andes
        travels down the cobblestone road
        and Cusco elongates   with each step
        of his enormous   leather sandals

The sun sets   against the light   *Pachacuti* in the heights

in the distance a condor extends its wings in the air
        and Juan de la Cruz smiles   under his alpaca wool cap
        he extends his arms from under the poncho
        and in the middle of the street he mimics the *kuntur's* circular flight

When he arrives at the photography studio   Sihuana enters my domain
I am the poet of light   and shadow   I tell him in our tongue

I prepare the camera   and I shoot him   next to a mestizo in a suit and hair gel
                                               bow tie and cufflinks

The mestizo   is me   Martín   Martín Chambi
and the condor is you   Juan de la Cruz Sihuana
and this embrace you offer me
                the hand that sustains me
and your diaphanous gaze like a mirror of water

                live forever   in the light
                    memory of shadows

FLOR DE MIRTO   EN UNA GRIETA   DEL CONCRETO

Josephine Myrtle Corbin
(1868–1928)

Sobre una loza de cemento   grava   gravilla y arena
la grieta que se extiende   en cuatro direcciones
como una mano
                    sin pulgar
crea el surco del que emerge la flor de mirto
                    la murta
                    el arrayán que siego para el té de la tarde

infusión que tranquiliza   que calma y sosiega   nacida de una flor
                    hervida en el agua del río Nolan
                    llega a mis labios como la memoria de un beso
                    milagro secreto   que salvo del olvido

el que ama una vez   ama para siempre
en cuerpo propio   o ajeno
de cuerpo presente   o ausente
por poder   derecho propio   o herencia
el que ama nunca olvida   hace las paces con su insomnio perpetuo en el amor

    viste su amor   con la piel de su amante   o su memoria de aromas
    acepta   que el amor es bello esperpento
    hermosa estantigua
flor de mirto   en una grieta   del concreto

MYRTLE FLOWER   IN A CRACK   IN THE CONCRETE

Josephine Myrtle Corbin
(1868–1928)

Over a concrete slab   stones gravel and sand
the crack extends   in four directions
like a hand
                              without a thumb
creates the furrow where the myrtle flower sprouts
                              its bud
                              herb I cut for my afternoon tea

tranquilizing infusion   that calms and soothes   born of a flower
                              boiled in water from the Nolan River
                              arrives at my lips like the memory of a kiss
                              secret miracle   I resurrect from oblivion

he who loves once   loves always
in his own flesh   or another's
present   or absent
by his own   or inherited   right
he who loves never forgets   he makes peace with his perpetual insomnia in love

          he dresses his love with his lover's skin   or the memory of her aromas
          accepts   that love is a beautiful monstrosity
                         stunning apparition
myrtle flower   in a crack   in the concrete

LA RISA   MUECA MUDA   DE ALAS ENORMES

Isidro Marcelino Orbés Casanova
(1873–1927)

Del muchacho que corre   entre la escuela y el circo   será la luna
y su soledad girando   alrededor de la tierra
suyos serán
el sacoleva   el chaqué   el frac   y sus remiendos
suyos serán   los escenarios y las tabernas oscuras

el paraguas rasgado   con el que saltará a la escena   a celebrar la lluvia
la acrobacia del saltimbanqui   y su público itinerante

como el poeta   el payaso   es un pez del silencio
se sumerge entre la multitud
y convierte su desgracia en alimento

como el poeta   el payaso   sana a su público
al extraer su dolor como veneno de serpiente
y asumir como propia la muerte ajena

como el poeta   el payaso   deslumbra con su estulticia
practicada sin inmutarse
en la gloria y el ostracismo

como el poeta   el payaso   naufraga en el olvido
y allí el maquillaje se convierte
en su mascarón de proa

como el poeta   el payaso   corre entre la escuela y el circo
con un libro de adioses entre las manos
y esa soledad de luna marcada en el rostro

THE SMILE   MUTE EXPRESSION   WITH ENORMOUS WINGS

Isidro Marcelino Orbés Casanova
(1873–1927)

The moon   and its solitude   spinning around the earth
belong to the boy who runs   between school and the circus tent
tailcoat   waistcoat   frock and its patches
are his
stages and dark taverns   are his

torn umbrella   he'll use to jump on the stage   to celebrate rain
acrobat's stunts   and his roving audience

like the poet   the clown   is a fish of silence
                                      submerged in the crowd
                                      who turns his misfortune into fuel

like the poet   the clown   heals his audience
                                      when he extracts pain like serpent venom
                                      and assumes the death of others as his own

like the poet   the clown   dazzles with his foolishness
                                      practiced unfazed
                                      in glory and ostracism

like the poet   the clown   shipwrecks in oblivion
                                      and there his makeup becomes
                                      his figurehead

like the poet   the clown   runs between school and the circus tent
                                      with a book of goodbyes in his hands and
                                      that moon-like solitude marked on his face

como el poeta   el payaso   llega a su fin con un collage de imágenes
                                                    atragantado con despedidas
                                                    muecas transformadas   en llanto y arrugas

como el poeta   el payaso   inicia un viaje sin retorno
                                                    se desvanece en el aire sin dejar   huella
                                                    y en silencio se retira   de la escena . . .

like the poet   the clown   comes to an end with a collage of images
                                    choked with goodbyes
                                    expressions transformed   into tears and wrinkles

like the poet   the clown   initiates a journey of no return
                                    he vanishes into the air without a   trace
                                    and in silence he exits   the stage . . .

GERTRUDE STEIN Y CÉSAR VALLEJO VAN AL CINE   CON GUANTES DE BOXEO

Gertrude Stein (1874–1946)
César Vallejo (1892–1938)

Gertrude Stein salta a la calle con su abrigo y sus guantes de boxeo
más finos   para ir al cine

César Vallejo remienda su único abrigo y sus guantes de boxeo
y sale a la calle   camino al cine Balzac

Dos poetas americanos en la París de 1936
          en el sentido más libre del término
exiliados los dos
como personajes invisibles   en los crepúsculos de Charles Chaplin

          transeúntes diligentes   deambulan   pero tienen rumbo
cada uno con su propia ruta
cada uno a su propio ritmo

humoristas conceptuales   actorcillos de comedia
crudos poetas de vanguardia   —así les llama Picasso—

Gertrude y César
a veinte minutos   uno del otro
boxeando con la sombra que los persigue en la tarde
lanzan golpes   voces de aire a las aguas del río Sena

Los guantes de Gertrude son de colección   ya llegarán a algún museo
                                                —supone Picasso—
Los guantes de Vallejo   tienen frío y dos dientes rotos
                                      como un palimpsesto
vistos de cerca —digo yo que no soy Picasso y no temo equivocarme—
son un solo par de guantes

César y Gertrude y César y Gertrude y César y Gertrude

han entrado al teatro   y sin sentarse observan *Tiempos modernos*
la sombra que los persigue desaparece en la penumbra
y juntos ven a Chaplin guiñar el ojo izquierdo como señal
para iniciar el combate

GERTRUDE STEIN AND CÉSAR VALLEJO GO TO A MOVIE   WITH BOXING GLOVES

Gertrude Stein (1874–1946)
César Vallejo (1892–1938)

Gertrude Stein leaps onto the street to go to a movie
with her coat   and finest pair of boxing gloves

César Vallejo darns his only coat and boxing gloves
and goes out to the street   towards Balzac Cinema

Two American poets in Paris in 1936
          in the loosest sense of the term
both in exile
like invisible characters   in the twilight of Charlie Chaplin

          diligent passersby   meander   but they have their bearings
everyone on their own route
everyone at their own rhythm

conceptual comedians   little comedy actors
raw avant-garde poets   —Picasso called them thus—

Gertrude and César
twenty minutes   from one another
boxing with the shadow that follows them in the afternoon
they throw blows   voices from the air to the waters of the Seine River

Gertrude's gloves are designer   they will soon arrive to some museum
                                        —Picasso imagines—
Vallejo's gloves   are cold and have two broken teeth
                           like a palimpsest
seen up close—I say and I'm not Picasso and I'm not afraid to be wrong—
they are only a pair of gloves

César & Gertrude & César & Gertrude & César & Gertrude

have entered the theater   and they watch *Modern Times* without sitting down
the shadow that follows them disappears into the semidarkness
and together they see Chaplin wink his left eye like a signal
to begin combat

Gertrude lanza el primer golpe
                              una rosa es una rosa es una rosa es una rosa

César se cubre con las largas orejas de su burro   de *su burro peruano del Perú*
                              y lanza un gancho de tristeza

Gertrude responde *If I hit him would he like it Would he like it if I hit him*

y lo golpea con su guante verde   su guante de boxeo cubista
                              en las costillas
        If I hit him would he like it Would he like it if I hit him

Un sonido de tripas interrumpe la escena
                              la proyección se detiene y las luces se encienden

Vallejo se disculpa muy gallardo   no ha sido el golpe   querida Gertrude
Gertrude querida
es el hambre que no cesa

la proyección continúa y regresa la penumbra
y así sigue el combate   89 minutos más de
César y Gertrude y César y Gertrude y César y Gertrude y César y Gertrude

Gertrude y César   sudan sudan sudan sudan y sudan
                              pero no bajan los brazos y siguen luchando

¿Dónde puedes guardar tanto dolor César Vallejo?
—dice Gertrude y lo golpea en los labios—

César riposta con un verso que parece un calco
   una cadena de palabras que Stein lee con su oreja derecha y traduce con la izquierda

en un verso no en su poeta   entre la puerta del horno y el pan que se nos quema
entre la lengua y la palabra gleba

y en mi solo   *en mi solo*   *en mi solo*

Gertrude throws the first punch
                    a rose is a rose is a rose is a rose

César hides behind his donkey's long ears   *his Peruvian donkey from Peru*
                  and he throws a sad hook

Gertrude responds *If I hit him would he like it Would he like it if I hit him*

and she socks him with her green glove   *her cubist boxing glove*
                  in the ribs
      If I hit him would he like it Would he like it if I hit him

A gut noise interrupts the scene
                    the projection stops and the lights switch on

Vallejo apologizes very gallantly   it wasn't the blow   dear Gertrude
Gertrude dear
it's the never-ending hunger

the projection continues and the semidarkness returns
and the brawl continues this way   89 more minutes of
César & Gertrude & César & Gertrude & César & Gertrude & César & Gertrude

Gertrude and César   sweat sweat sweat sweat and sweat
                but they don't lower their arms and they keep fighting

Where do you keep so much pain César Vallejo?
—Gertrude says and punches him on the mouth—

César jabs back with a verse that seems like a copy
   a chain of words that Stein reads with her right ear and translates with the left

in a verse not in its poet   between the oven door and the bread that burns
between the tongue and the cultivated word

and only in me   *only in me*   *only in me*

UNA MUJER   CAE MUERTA   EN MITAD DE LA CALLE

A Rubiela Chivará Bustos

Una mujer   cae muerta   en mitad de la calle
es invierno   en mi ventana
pero ella lleva un girasol   en las manos

No ha caído cerca de mí   sino lejos
ha caído de repente   desplomada sobre el suelo
en el asfalto   de mi infancia
mi infancia lejana   y fría como hielo en mis zapatos
mi infancia lejana   y gélida
como las miradas que cubren su cuerpo
        en mitad de la acera

Otros   me dicen   llevan prisa en sus jornadas
y no pueden detenerse   a llorarla en silencio

Otros   supongo   se alejan del lugar con una plegaria entre los dientes
y llaman de inmediato a preguntarpor sus madres

Una mujer   cae muerta   en mitad de la calle
como una paloma que se desploma
        en pleno vuelo
ha llegado a su destino   sin percatarse

La maquinaria se activa   en la distancia
y un par de funcionarios juegan   ping-pong con el caso
la mujer rejuvenece   y la flor crece un palmo
una multitud la rodea   para observar el prodigio

En la calle alguien comenta que   una niña yace dormida
en mitad de la calle   con una flor en las manos
le han crecido el cabello y las uñas   otro tanto

A WOMAN   DROPS DEAD   IN THE MIDDLE OF THE STREET

For Rubiela Chivará Bustos

A woman   drops dead   in the middle of the street
it's winter   in my window
yet she has a sunflower   in her hands

She hasn't fallen near me   but far away
she's fallen suddenly   collapsed to the ground
in the asphalt   of my youth
my youth distant   and cold like the ice on my shoes
my youth distant   and frozen
like the stares that cover her body
                in the middle of the sidewalk

Others   some say   hurry off to work
and can't stop   to cry for her in silence

Others   I imagine   walk away from the place with a prayer on their lips
and immediately call to ask   for their mothers

A women   drops dead   in the middle of the street
like a dove that collapses
                in full flight
arriving to its destination   without noticing

The machinery activates   in the distance
and a couple of public servants   play ping-pong with the case
the woman rejuvenates   and the flower grows a palm
a crowd surrounds her   to observe the miracle

On the street someone says   a girl lies sleeping
in the middle of the street   with a flower in her hands
her hair and nails have grown   a bit more

¿Y la flor? Se retuerce   en busca del sol de la tarde
¿Ya es la tarde?   —Sí, y ya es la noche en mi ventana—

Una mujer cae muerta   en la mitad de mi cuerpo
ha caído en mí   corrijo   en mí ha caído
y me ha sembrado   el pecho   con girasoles

And the flower? It turns   to seek the afternoon sun
Is it already afternoon?   —Yes, and it is already night in my window—

A woman drops dead   in the middle of my body
she's died in me   correction   in me she's died
and she's planted   sunflowers   on my chest

LA PUPILA DEL MAR NO VISTO

Confianza en el anteojo, no en el ojo;
en la escalera, nunca en el peldaño;
en el ala, no en el ave
y en ti sólo, en ti sólo, en ti sólo.
César Vallejo

Y en la pupila   el mar no visto
    se extiende hasta la orilla
    es la noche y he llegado a Venecia
en la pupila   digo   y en la memoria
    nunca he visto el mar de América
    nunca me enjuagué la cara con su agua salada
entrecierro los párpados   para ver un barco en la distancia
    y añoro un pasado   que no existe
    evoco unas aguas que bañan mi tierra
    pero que desconozco   por mi pobreza
un libro de Rafael Alberti viene a la memoria y veo la ironía hecha palabra
    el joven poeta de la sierra   sueña con ver el mar
    y el mar se aleja de sus ojos   espantado
    él
    agarra su anteojo de goma   y lo sigue
busqué en las páginas envejecidas de una biblioteca la imagen del mar que se alejaba
    busqué el lugar al que llegaron mis muertos   arrojados al río
    busqué la voz de mis ancestros   en gramáticas muertas
    —dice—
    no es arrogancia de la memoria   es sinceridad
pero el destino me alejó de mi pueblo   con la triste lotería del exilio
    extiendo el brazo por la borda de la barca y con las puntas de los dedos
    toco el mar
    este es el mar   repito   pero la oscuridad lo hace indistinguible
    este es el mar   y este soy yo   esta es mi frente
    y esta es el agua   salada que   por fin   me enjuaga la cara

PUPIL OF THE UNSEEN SEA

> *Trust then the glasses, yet trust not the eye;*
> *Trust but the stairway, never trust the stair;*
> *Trust in the wing, not in the birds to fly,*
> *And trust in you alone, in you alone.*
>   *César Vallejo*

And in the pupil   the unseen sea
        extends to the shore
        it's night and I've arrived to Venice
in the pupil   I say   and in memory
        I've never seen the sea of America
        I've never rinsed my face with its salt water
I squint   to see a boat in the distance
        and long for a past   that doesn't exist
        recalling waters that bathe my homeland
        that I know nothing of   because I'm poor
a book by Rafael Alberti comes to mind and I see irony turned to word
        the young poet from the mountains   dreams of seeing the sea
        and the sea drifts away from his sight   scared
        he
        grabs his rubber telescope   and pursues it
I searched in a library's yellowed pages for images of the sea that drifted away
        I searched for the site where my dead arrived   dumped in the river
        I searched for the voice of my ancestors   in dead grammar
        —it says—
        it's not the arrogance of memory   it's sincerity
but destiny distanced me from my town   with the sad lottery of exile
        I stretch my arms over the boat rails and with my fingertips
        I touch the sea
        this is the sea   I repeat   but darkness covers it
        this is the sea   and this is me   this is my forehead
        and this is the salt   water that   finally   rinses my face

FLOR DE CACAO EN UN ALA ROTA

> non Nezahualcoyotzin,
> ni cuicanitl,
> tzontecochotzin.
> yo soy Nezahualcóyotl,
> soy el cantor,
> soy papagayo de gran cabeza.
> Nezahualcóyotl

Guajolote y papagayo   poeta y ofrenda
regreso a casa con una flor de cacao
                 en el ala rota
    y el estambre entre los huesos me embriaga la memoria

Guajolote y papagayo   estigma partido en cruz
me entrego al rito solitario   de pensar en poesía
pero el ala se me rompe   entre los libros
y se encorva como un tres

con pétalos de plumas   y polen hecho miel
                 trato de curarla
si fuera francés sería   un albatros
si   inca   un Kuntur de alas enormes
un pasajero del aire con una flor de cacao en el ala rota

poeta y ofrenda   en el rito cotidiano
de ser y vivir   en poesía

COCOA FLOWER ON A BROKEN WING

non Nezahualcoyotzin,
ni cuicanitl,
tzontecochotzin.
I am Nezahualcóyotl,
I am the signer,
I am the parrot with a large head.
Nezahualcóyotl

Turkey and parrot   poet and offering
I return home with a cocoa flower
                         on a broken wing
and the stamen between bones intoxicates my memory

Turkey and parrot   stigma split in a cross
I surrender to the solitary ritual   of thinking about poetry
but my wing breaks   amid books
and it slumps like a three

with feather petals   and pollen turned to honey
                          I try to treat it
if I were French I would be   an albatross
if Incan   a Condor   with gigantic wings
a passenger of the air with a cocoa flower on a broken wing

poet and offering   in the daily ritual
of being and living   poetry

HE VENIDO A ESTAR TRISTE Y A MÍ MISMO ME DESGARRO

> *Zan nihualayocoya, nicnotlarnati.*
> *He venido a estar triste, me aflijo.*
> *Nezahualcóyotl*

He venido a estar triste   y a mí mismo me desgarro
oh señor de la memoria
¿qué nombre has dado   a la voluntad del afligido?

Ese que en la mañana se levanta
                        y viste su rostro como una derrota
el afligido de las orejas rojas
                        el lágrimas de cebolla y colibrí
que susurra en el umbral de la puerta
                        como un funcionario que llega a su despacho y se anuncia
he venido a estar triste y a mí mismo me desgarro

he venido a estar triste y a mí mismo me desgarro

        repite

este es su mantra   el bordón de su lengua
        la aldaba de su pico

oh señor de la aflicción
¿qué nombre has dado   al silencio y su muerte?

Ese que en la tarde regresa
                y arrastra su cara como un grillete
el afligido sin orejas
                        el mudo de las mil lenguas y colibrí
que bate sus alas sin detenerse
                hasta que el viento se cansa y se marcha

30

I'VE COME HERE TO BE SAD AND TEAR MYSELF TO SHREDS

> *Zan nihualayocoya, nicnotlarnati.*
> *I have come here to be sad, I grieve.*
> *Nezahualcóyotl*

I have come here to be sad   *and I tear myself to shreds*
oh lord of memory
what name have you given   to the will of the afflicted?

The one who wakes in the morning
                              and wears his face like defeat
the afflicted man with red ears
                              onion tears and a hummingbird
trilling in the threshold
                              like a public servant who arrives at work and announces
I have come to be sad and I tear myself to shreds

I have come to be sad and I tear myself to shreds

            he repeats

this is his mantra   his tongue's refrain
        his beak's door knocker

oh lord of affliction
what name have you given   to silence and its death?

The man that returns in the afternoon
            and drags his face like shackles
the distraught man without ears
                              the mute man of a thousand tongues and a hummingbird
that beats its wings without stopping
            until the wind tires and departs

ÉRASE UN YO DE UNA NARIZ NACIDO

> *Érase un hombre a una nariz pegado,*
> *érase una nariz superlativa*
> *Francisco de Quevedo*

educación
en español antiguo
        se decía golpe
en la lengua de mi infancia
a un golpe en el rostro
se le llamaba lección
        y así
érase un yo de una nariz nacido
érase una nariz preñada que me paría
nariz rota, gran nariz que me apunta desde el espejo
fractura nasal   accidente inocente o seña de un mal golpe

esta   mi nariz rota que proyecta aquella sombra aguda sobre la tierra
mi nariz hecha reloj de sol entre el lodo y la angustia
nunca me abandona aunque le cueste una hemorragia
nunca me abandona aunque yo la resienta
mi nariz rota   mi fiel nariz   mi compañera
mestiza madre de mi ego
tutora de mi infancia
amor de aire frío
archinariz
mi sayón
y escriba

ONCE THERE WAS A ME BORN FROM A NOSE

It was a man stuck to a nose,
it was a superlative nose
Francisco de Quevedo

education
in old Spanish
        was called a blow
in the language of my youth
a blow to the face
was called a lesson
        and that's how
once there was a me born from a nose
once a pregnant nose birthed me
broken nose big nose that pointed at me from the mirror
nasal fracture   honest accident or sign of vicious blow

this   my broken nose that projects that sharp shadow on the ground
my nose made a sundial between the mud and angst
that never abandons me even if it costs it a nosebleed
never abandons me even though I resent it
my broken   faithful nose   companion
mestiza mother of my ego
tutor of my youth
love of fresh air
archnose
my hangman
my scribe

ECO EN LA GARGANTA TEJIDA DE SABLES

> *muero porque no muero*
> *Santa Teresa de Jesús*

Caminar descalza y a tientas por La Reforma
dejar la huella marcada en adoquines de hielo
creer antes que ver sin ver creyendo
y el eco en la garganta tejida de sables
me instruyes me enseñas
Teresa Teresa
¿A dónde vas? ¿Por qué te marchas?
¿A qué lugar llevas tu fe? mi desconsuelo
Ven aquí a rescatarme a rescatarme ven
y canta como un arroyo
riachuelo de miel hecho sendero canta
a tientas por el suelo a tientas por el filo de la daga
el eco que no para el eco que no cesa
muero porque no muero *muero porque no muero*
como un susurro de agua
Teresa
sabes que huyo de la muerte y su diente de plomo
sabes que me abrigo con la memoria de la tierra semilla de cacao
no deseo morir sino desplegarme
dejar que la vida me reviente las entrañas Teresa
y que tu canto haga crecer el tallo que mañana será fruto
y luego tejate libación en la garganta
de quien descalza y a tientas camina en adoquines de hielo

ECHO IN THE THROAT WOVEN WITH SABERS

I die because I'm not dying
Saint Teresa of Jesus

Walk barefoot and blindly
leave your mark
believe before seeing
and the echo in the throat
you train me
Teresa
Where are you going?
Where are you taking your faith?
Come here to rescue me
and sing
stream of honey made trail
blindly on the ground
echo that won't stop
I die because I'm not dying
like the murmur of water
Teresa
you know I flee from death and her lead tooth
you know that I cover myself with the memory of earth
I don't want to die but to blossom
to allow life to burst my bowels
may your song make the stem grow
and then a sacred drink of maize and cacao
of she who walks barefoot and blindly

through the Reformation
on cobblestones of ice
without seeing believing
woven with sabers
you teach me
Teresa
Why are you leaving?
my grief
to rescue me come
like a brook
sing
blindly along the dagger's edge
echo that won't cease
I die because I'm not dying

cacao seed

Teresa
that tomorrow will be fruit
liberation in the throat
on cobblestones of ice

CERCA DE CORAZÓN Y DIENTES ENTRE LAS MANOS

debió cortarse la mano antes de tal villanía
Federico García Lorca

El corazón   viento y muralla   resiste el ataque de las manos
este corazón deshabitado
cámara vacía entre el costillar   y su laberinto
tobogán de acero

calla por un momento
y aguarda

allá viene la hoja de la espada
allá la tiniebla se adentra en la mirada del verdugo
allá viene la muerte y su semilla de sangre ocre
sangre que hierve y mana sin detenerse

aquí   la frustración del poeta se coagula en un verso

aquí   al rapsoda de ciegos caminantes   le han amputado la mano de escribir
aquí
juro que no fui yo   lo juro
mil veces lo digo   con mi mano invisible en el aire
mi mano de dedos amputados y tristes   cinco claveles de sangre y olvido
juro que no fui yo   lo juro

yo mismo me habría cortado la mano
antes de señalar hacia tu casa

Federico

FENCED HEART AND TEETH BETWEEN HANDS

he should have cut his hand before such villainy
Federico García Lorca

The heart wind and wall   resist the attack of hands
              this deserted heart
empty chamber between ribs   and their labyrinth
              sled of steel

quiets for a moment
and waits

there goes the sword's blade
there darkness penetrates the executioner's gaze
there goes death and its seed of ocher blood
blood that boils and flows without pause

here   the poet's frustration coagulates in verse

here   they've amputated the writing hand of the rhapsodist of blind wayfarers
here
I swear it wasn't me   I swear
I say it a thousand times   with my invisible hand in the air
with amputated sad fingers   five carnations of blood and oblivion
I swear it wasn't me   I swear

I would have cut off my own hand
before singling out your home

        Federico

CARDENAL EN MI VENTANA CON UNA MÁSCARA EN EL PICO

La primavera avanza   y   un batir de alas rojas
habita el viento   casi a solas
la soledad del encierro   me lleva a la ventana
para aguardar en silencio   el ave que se acerca

Llego hasta aquí como quien cumple una cita
cada mañana
                        a dejar un mendrugo de pan en el alféizar de piedra
y cierro la hoja de vidrio
en silencio
desde adentro rompo el ayuno   con el trozo restante
que me llevo a la boca   poco a poco   humedecido en café

Al otro lado aparece el cardenal de alas rojas y cresta altiva
hoy   no obstante   luce diferente
trae una máscara enredada en el pico   como un pez del aire
atrapado en la red de la pandemia
al otro lado del cristal yo   como un ave en una jaula de piedra
como si fuera su reflejo
traigo una máscara enredada en las orejas
me cubre una manta roja y blanca
y mi cabello desordenado   se parece tanto a su cresta altiva

CARDINAL IN MY WINDOW   WITH A MASK ON ITS BEAK

Spring pushes forward   and   a flutter of red wings
inhabits the wind   almost alone
the solitude of confinement   brings me to the window
to quietly await   the approaching bird

I arrive here like someone keeping an appointment
every morning
                to leave bread crumbs on the stone windowsill
and I close the glass shutter
in silence
from the inside I break my fast   with the remaining crust
that I take to my mouth   little by little   dipped in coffee

On the other side the red-winged, high-crested cardinal appears
however   today   he looks different
he has a mask wound around his beak   like a fish in the air
trapped in the pandemic's net
on the other side of the glass I   like a bird in a stone cage
as if I were his reflection
have a mask wound around my ears
a red and white blanket covers me
and my disheveled hair   looks so much like his high crest

LA CUARENTENA LES DEVUELVE SU AROMA A LAS FLORES

Después de cincuenta días de encierro
mis hijos y yo salimos al parque   D quiere observar las cortezas de árbol
                                          C busca en el lago una tortuga flotante

Lejos de todos, por un instante, nos atrevemos a quitarnos las máscaras
y caminamos por la pradera florecida con los brazos abiertos
                                          C y D se detienen un momento atraídos por
algo
luego me llaman a gritos para decirme en inglés
                                          —*We had forgotten the scent of flowers!*

QUARANTINE BRINGS FLOWERS BACK THEIR SCENT

After fifty days of confinement
my children and I go to the park   D wants to observe the trees' bark
                                          C searches for a floating turtle in the lake

Far from everyone else, for a moment, we dare to remove our masks
and we walk through the meadow in full bloom with our arms opened wide
                                          C and D stop for a moment drawn to
something
then they call out to me to say in English
                                          —*We had forgotten the scent of flowers!*

EVOCACIÓN DE LA VENTANA

Ves la nieve acumularse   en el cristal de tu ventana
y recuerdas tu infancia sin estaciones
tu infancia vertical   en una montaña verde y húmeda

No había estaciones   reflexionas
solo temporadas de lluvia   e inundaciones

No había estaciones   repites
pero sí ríos de lodo   que arrasaban la ladera
y como una navaja de agua   le afeitaban el rostro a la cordillera

No había estaciones   dices en voz alta   pero las vacas mugían
      en la distancia
y el sol regresaba cada mañana   para hacer crecer el follaje

Tu abuela las perseguía con un diminuto banco de madera y su colodra
luego las ordeñaba en la distancia y musitaba unos versos
una canción   una oración milenaria

Tú la mirabas desde la ventana sin cristal
y luego corrías a su encuentro   con una taza vacía entre las manos

Ves la nieve derretirse   en el cristal de tu ventana
y recuerdas la taza tibia entre los dedos
y la sonrisa de tu abuela   que ilumina la imagen de su rostro en tu memoria
su rostro con   sus   tres   dientes   relucientes como una constelación
tres nada más

      pero qué bellos . . .

MEMORY EVOKED BY A WINDOW

You see snow accumulate   on the windowpane
and you recall your childhood without seasons
your vertical childhood   on a green and humid mountain

There weren't seasons   you reflect
only spells of rain   and floods

There weren't seasons   you repeat
but rivers of mud   that washed away mountainsides
and like a blade of water   they shaved the cordillera's face

There weren't seasons   you say aloud   but cows lowed
                                  in the distance
and the sun rose every morning   to make leaves grow

Your grandmother followed them with a small wooden stool and pail then she
would milk them in the distance   and mutter some verses
a song   an ancient prayer

You watched her from the glassless window frame
and would run to greet her   with an empty mug in your hands

You watch the snow melt   on the window pane
and you remember the warm mug between your fingers
and your grandmother's smile   that illuminates her face in your memory
her face with   her   three   teeth   shining like a constellation
only three

                                  but how beautiful . . .

¿CON CUÁNTAS DUDAS SE CONSTRUYE UN SILOGISMO?

En días recientes apilaba ladrillos
con las manos rojas   y agrietadas por el frío

Nueva York es así   sorprendente

y entre hilera e hilera   pensé en voz alta
                                   en la pobreza del signo

populista   populista escuché decir en inglés
desde una ventana entreabierta

la pobreza del signo   repetí   y sumé una pieza más a mi pequeña muralla

el lenguaje es textual como los textiles
        —dice George Lakoff con su sonrisa larga
        como una hilera de dientes—

en el lenguaje se trama   como en un telar se teje
responde mi madre   con una imagen de Sor Juana tatuada en la frente

el pasado es presente en mi memoria que apila
ladrillos   —sí—
con las manos rojas   y agrietadas por el frío

Nueva York es así   sorprendente

HOW MANY DOUBTS BUILD A SYLLOGISM?

In recent days I was stacking bricks
with hands red   and cracked by the cold

New York is like that   surprising

and between rows   I thought out loud
                       about the poverty of symbols

populist   populist I heard said in English
from a window cracked open

the poverty of symbols   I repeat   and I added one more piece to my little wall

language is textual like textiles
        —George Lakoff says with his large smile
        like a row of teeth—

language interlaces   like weaving on a loom
my mother responds with   an image of Sor Juana tattooed on her forehead

the past is present in my memory that stacks
bricks   —yes—
with hands red   and cracked by the cold

New York is like that   surprising

PALABRAS DE UN JUGLAR QUE HA NAUFRAGADO

Porque sé que los sueños se corrompen,
he dejado los sueños.
Luis García Montero

Porque sé que el olvido es imposible
                                    he dejado el olvido
y hoy me lavo el rostro   entre dos mares

entre dos mares   sí   con los brazos abiertos
como un ancla que flota inservible
                              y a la deriva

transcurro con el tiempo y la marea
                              concentrado en el presente
lejos de la tierra   que me reclama en sus entrañas
fuera del alcance del cóndor que se tragaría mis tripas

presente continuo del que flota
certeza del fin   que me hala hacia la tumba
aire y agua   brisa y marea que me abrazan

porque sé que el olvido es imposible
                              aprendo a transcurrir como los días
veo un albatros en el aire
                              vuela en círculos sin detenerse
un poeta del aire
que saluda   con las alas abiertas
como una flecha colosal o una espiga
náufrago   como yo   pero en la brisa

porque sé que el olvido es imposible
        se acerca y me dice
        he dejado el olvido

46

WORDS OF A WANDERING SHIPWRECKED MINSTREL

Because I know that dreams go bad,
I've left dreams.
Luis García Montero

Because I know oblivion is impossible
                             I've left it behind
and today I wash my face   between two seas

between two seas
like an anchor that floats useless   yes   with arms wide open
                             and adrift

I proceed with time and tide
                             concentrated on the present
far from the land   that calls to me from its bowels
out of the condor's reach   that would devour my entrails

continuous present of he who floats
assurance of the end   that pulls me towards the tomb
air and water   breeze and tide that embrace me

because I know oblivion is impossible
                             I learn to proceed like the days
I see an albatross in the air

                             flying in circles without stopping
a poet of air
that greets   with open wings
like a colossal arrow or a spike
castaway   like me   but in the breeze

because I know oblivion is impossible
    it approaches and tells me
    I've left oblivion

EL ÉTER ERUCTA UN PLANETA GIGANTE

El éter eructa
la curvatura del espacio
y aparece un planeta gigante
de nuestro sistema solar

aclaro
tiene una leve variación
entre las sombras

Los científicos corren
unos se desvelan
la densidad su masa
otros trazan órbitas imaginarias
muchos se lamentan por no haberlo descubierto antes
han perdido la oportunidad

a sus telescopios para identificarlo
calculando
su volumen
en parábolas interminables

de darle un nombre

Los periódicos del mundo anuncian
a cambio de un enano
diez veces tiene

el reemplazo de Plutón
dicen ya tenemos un planeta gigante
dicen el tamaño de la Tierra

Las empresas editoriales
los nuevos textos escolares

ven en el descubrimiento una fuente de ingreso
ya se imprimen y se venden

En una esquina cualquiera
mientras la tarde avanza

un chico juega a las canicas
sin percances

ETHER BELCHES A GIANT PLANET

Ether belches   I explain
the curvature of space   has a slight variation
and a giant planet appears   between the shadows
of our solar system

Scientists run   to their telescopes to identify it
some stay up all night   calculating
the density of its mass   its volume
others draw imaginary orbits   in unending parabolas
many regret not having discovered it sooner
they've lost the opportunity   to give it a name

Newspapers announce   Pluto's replacement
in exchange for a dwarf   they say we now have a gigantic planet
ten times greater   they say than the size of the Earth

The editorial industry   sees a source of income in the discovery
new school textbooks   will now be printed and sold

On any given corner   a boy plays marbles
while the afternoon goes on   without incident

CUARENTA Y TRES COMO EN AYOTZINAPA

43   como en Ayotzinapa
pero entre amigos   y hermanos
                          cada año trae una pérdida
                          otra memoria robada al olvido
                          otra marca en la piel
                          el ultraje de los años

Cuarenta y tres   como en Ayotzinapa
pienso en voz alta   en el sur de Manhattan
unos turistas me detienen   para pedirme que les haga una foto

43 rodeando la imagen   del toro frente al 25 de Broadway
frente a ellos   una niña de bronce con los brazos como jarras
                          los observa desafiante mientras un viento invisible
                          le desordena el cabello

Encuadro la imagen para incluirla
                          cuarenta y tres
                          cuento estimando el número de cabecitas en el racimo
del grupo
click
repito la toma   porque así me lo piden
click
ahora comprendo el sarcasmo de este día de cumpleaños
y sigo adelante   sin detenerme
click   click   click   click
click   click   click   click
click   click   click   click
click   click   click   click   —no te detengas repite en voz alta—
click   click   click   click
click   click   click   click
click   click   click   click
click   click   click   click

FORTY-THREE LIKE IN AYOTZINAPA

43   like in Ayotzinapa
but among friends   and brothers
                 each year brings a loss
                 another memory robbed by oblivion
                 another scar on skin
                 insult of years

Forty-Three   like in Ayotzinapa
I think aloud   in South Manhattan
some tourists stop me   to ask me to take their photo

43 surrounding the figure   of the bull facing 25 Broadway
in front of them   a bronze girl with her hands on her hips
                 defiantly observes them while an invisible wind
                 dishevels their hair

I frame the image to include her
                 forty-three
                 I count estimating the number of heads in the clustered
group
click
I repeat the shot   because they ask me to
click
I understand sarcasm now on this birthday
and I carry on   without stopping
click   click   click   click
click   click   click   click
click   click   click   click
click   click   click   click   —don't stop they repeat loudly—
click   click   click   click
click   click   click   click
click   click   click   click
click   click   click   click

click   click   click   click
click   click   click   click
click
Cuarenta y tres

                                  como en Ayotzinapa
                                  donde la muerte ya no se lava la cara

click   click   click   click
click   click   click   click
click
Forty-three

                    like in Ayotzinapa
                    where death no longer washes her face

HA MUERTO   NICANOR   Y ESTÁ VIVO

A Nicanor Parra (1914—2018)

Ha muerto   Nicanor
       y está vivo
pasa volando   frente a mi ventana
       con un trozo de carbón en sus manos

pasa   Nicanor y *parrea* como siempre
voy por Vallejo me grita entre dientes

Vallejo *valleja* en París y a ras de tierra
       le he dicho

pero Nicanor   es Nicanor
y ahora *parrea* en el viento gélido de esta isla

       se aleja

voy por Vallejo me repite entre dientes
y *parrea*   con sus alas enormes pero sin plumas
ha muerto   Nicanor
       y está vivo

NICANOR   HAS DIED   AND HE'S ALIVE

For Nicanor Parra (1914–2018)

Nicanor   has died
                 and he's alive
he goes flying by   in front   of my window
                 with a chunk of coal in his hands

Nicanor   goes by   and he *parras* like always
I'm going for Vallejo   he shouts at me   chuckling

Vallejo *vallejas*   in Paris   and at ground level
                 I've told him

but Nicanor   is Nicanor
and he now *parras*   in the freezing wind on this island

                 he walks away

I'm going for Vallejo   he repeats chuckling
and *parras*   with his enormous featherless wings
Nicanor   has died
                 and he's alive

UN HOMBRE PASA CON SU CUERPO AL HOMBRO

Un hombre pasa con un pan al hombro
César Vallejo

en la trastienda de estos versos

                                        verás

que en el resquicio   entre el epígrafe y su firma

como un error de imprenta

un hombre pasa   con su cuerpo al hombro

su cuerpo enrollado como una alfombra

                                    que pende de sus hombros

una cruz

Jesús   lo llama algún idiota   desde la vereda de la hoja

y se ríe a solas   hasta la mitad de su oreja

en la trastienda de estos versos

                                          verás

que el hombre soy yo mismo   y me llevo hasta la tumba

con las suelas por delante   y la espalda recta

con las manos hechas ramas

                                    y las uñas como hojas secas

pero el poema no habla de mí

ni de este cuerpo

                    no habla de un pan

                          ni de César Vallejo

habla de la brisa que te desordena el cabello

del rostro del obrero que corta leña   y de su hacha

de su madre hambrienta que alimenta la lumbre con su propia trenza

y de su choza helada

                          en mitad de la cordillera

A MAN WALKS BY WITH HIS BODY ON HIS SHOULDER

A man walks by with a baguette on his shoulder
César Vallejo

behind the curtain of these verses

                    you will see
that in the crack   between the epigraph and his signature
like a typographical error
a man walks by   with his body on his shoulder

his body rolled up like a rug

                    that hangs from his shoulders
a cross

Jesus   some idiot calls him   from the sidewalk of the page
and he laughs alone   up to the middle of his ear

behind the curtain of these verses

                    you will see
that the man and I are one and the same and I take myself to the grave
feet first   and my back straight
with my hands turned to branches

                    and my fingernails like dried leaves

but the poem isn't about me
or this body
            it's not about bread
                  or César Vallejo
it's about the breeze that dishevels your hair
the face of the woodcutter   and his axe
his hungry mother who feeds the fire her own braid
and her frozen hut

                    in the middle of the cordillera

MEMORIA EN   LOS DIENTES   DE   MI ABUELA

Sobrevivió mi abuela   a la fiebre   y   a malaria
sobrevivió   repit   al hambre   y   su miseria
sobrevivió   conmigo
          en un rincón   de su memoria

e incluso
sobrevivió a la violencia   que le robó a su hijo

Hoy evoco su sonrisa   con   tres   dientes
la constelación
que se mostraba   cuando al abrir los labios me decía

Carlos   nunca dejes
          que te contagie la peste
          de   la   indiferencia . . .

MEMORY IN   MY GRANDMOTHER'S   TEETH

My grandmother survived   fever   and   malaria
she survived   I repeat   hunger   and   misery
she survived   with me
          in a corner   of her memory

and she even
survived the violence   that took her son from her

Today I recall her smile   with   three   teeth
the constellation
that she revealed   when she told me opening her lips

Carlos   never let
          the plague   of   indifference
          infect you . . .

RETRATO DE UN POETA

Éste que ves   color mal aplicado
horror del arte   y su textura
silogismo   de la carne
                y sus miserias
no permite   a la memoria
                hacer su engaño

Este   que en su horror   me hace lisonja
detiene el tiempo   y sus terrores
vence a la muerte
                            el polvo y el olvido
como un abrazo de piedra   permanente

es vano artificio   y   burla severa
espina ponzoñosa   y   mal formada
es un tributo inútil   a   mis miserias
es necedad
es un afán   desmemorias   trasegadas
es mi cadáver insepulto   es mi huella
                es mi nada

(Basado en el soneto "Éste que ves, engaño colorido" de Sor Juana Inés de la Cruz)

PORTRAIT OF A POET

This one you see   colored treachery
horror of art   and its texture
syllogism   of flesh
      and its miseries
doesn't allow   memory
      to do its trickery

This one   that in its horror   flatters me
stops time   and its terrors
defeats death
      dust and oblivion
like a stone embrace   permanent

is vain artifice   and   severe mockery
poisonous thorn   and   poorly formed
is a useless tribute   to   my miseries
is necessity
is desire   rearranged   repression
is my unburied body   is my mark
      is my nothingness

(Based on the sonnet "To Her Portrait" by Sor Juana Inés de la Cruz)

DEL POETA A UNAS PRENDAS

¡Oh andrajos   en mi ayer queridos
coloridos   felices   cuando aquella estaba!
La memoria os sigue
                     la muerte   os reclama

¿Quién diría que el palio   en la justa esgrimido
resplendente de esperanza
un día no lejano   que ya llega
sería   en su miseria   mi mortaja?

Un día en la alegría   fuisteis míos
como mis dientes   fueron pálidos   resplendentes
un día no lejano   que ya llega
me envolveréis la testa
                          ya en la muerte
Y así   sin sospechar   sin suspicacias
polvo seremos   sin memoria
un día no lejano   que ya llega

(Basado en el "Soneto X" de Garcilaso de la Vega)

FROM THE POET TO A FEW GARMENTS

Oh rags   of my yesteryear
colorful   happy   when she was here!
Memory follows you
                    death   clamors for you

Who would have said that the cloak in the fencing joust
resplendent with hope
on a not-so-distant   nearing day
would be   in its misery   my shroud?

A joyful day   you were mine
like my teeth   were pale   resplendent
on a not-so-distant   nearing day
you will wrap my head
                                 already in death
And thus without suspecting   without disbelief
to dust we shall return   without memory
one not-so-distant   nearing day

(Based on "Sonnet X" by Garcilaso de la Vega)

EL POETA SE ESCONDE DE SU SOMBRA

En seguirme   sombra   ¿por qué insistes?
Hoy   sin agravio   pido que te marches
la penumbra   tu hogar   regresa
déjame   a solas   esta tarde

Rico soy   en horrores   bien lo sabes
mis dientes   rotos   no son perlas
ni las rocas   que orino   son diamantes
En seguirme   sombra   ¿por qué insistes?

Quiero llevar   el sol   en la cabeza
como la luz   perpetua   del olvido
embriagado de su calor   quiero gritar en tu ausencia
que nada quiero que nada sé
que nada puedo   saber de nadie

(Basado en el soneto "¿En perseguirme, mundo, qué interesas?" de Sor Juana Inés de la Cruz)

THE POET HIDES FROM HIS SHADOW

Why do you insist   shadow   on following me?
Today   offenseless   I ask you to leave
the penumbra   your home   return
leave me   alone   this afternoon

I'm rich   in horrors   you well know
my teeth   broken   are not pearls
nor the rocks   I urinate   diamonds
Why do you insist   shadow   on following me?

I want to carry   the sun   on my head
like the perpetual   light   of oblivion
intoxicated with its heat   I want to yell in your absence
that I want for nothing   that I know nothing
that I can know   nothing about anyone

(Based on the sonnet "Persecuting me, world, what do you look for?" by Sor Juana Inés de la Cruz)

DEL POETA A LA QUE FUERA SU AMADA

Si yo pudiera   como tú   ser feliz a pedazos
vivir en la mentira   creerla por completo
ignorar la farsa   ser la pantomima que te entretiene
       y te sustenta
si pudiera   como tú   abrazar a cualquiera y sonreír
en actitud sincera   y enamorada
si pudiera beber   de unos labios   como de una fuente
de néctar o de ámbar
ebrio de amor   iría por el mundo
y me solazaría   en la taberna   como en la corte
yacería cada noche   en una alcoba distinta
       al igual que en las majadas
       de cualquier recinto
dando mi ser   en trozos   a quien pueda masticarlo
dando mi voz   en libaciones   a quien pueda beberla
cada día   en una nueva empresa
cada noche   en un nuevo lance
sin memoria   ni conciencia
solo y feliz   hasta la hartura
solo y feliz   hasta mi muerte

FROM THE POET TO THE ONE WHO COULD HAVE BEEN HIS BELOVED

If I could   like you   be happy in pieces
live in the lie   completely believe it
ignore the farce   be the pantomime that entertains
          and supports you
if I could   like you   embrace anyone and smile
with sincerity   and love
if I could drink   from some lips   like from a fountain
of nectar or amber
drunk on love   I would go around the world
and I'd relax   in the tavern   like in court
every night I would lie in a different bedroom
          just like in the pens
          of any grounds
giving my being   in pieces   to whomever could chew it
giving my voice   in libations   to whomever could drink it
every day   in a new venture
every night   in a new turning point
without memory   or conscience
alone and happy   until satiety
alone and happy   until death

BUFÓN Y POETA NATURAL

Un enano   entrenado en acrobacias   es un bufón
y poeta   natural
todos   menos su madre   se ríen de sus contorsiones

La risa   impertinente   de quien le arroja guijarros
para solazarse en su desgracia
corta   como una navaja   de barbero

JESTER AND NATURAL POET

A little person   trained in acrobatics   is a jester
and natural   poet
everyone   except his mother   laughs at his contortions

The impertinent   laugh   of he who throws stones at him
to take pleasure in his disgrace
cuts   like the barber's   blade

MIRÉ LA HUELLA   DE LA SOMBRA MÍA

Miré la huella   de la sombra mía
la que un tiempo fue firme   hoy está hecha pedazos
corvada por la edad en su mueca natural
          su alevosía

Corrí a la plaza   vi que el sol ya hervía

sobre el llanto derramado   allí   en mi ausencia
el quejido   ya murmullo   de la gente
me robó   sin pesar   mi penitencia

Entré a la casa   allí murió   el poeta
vacía estaba   y   sin despojos
lejos   vi correr al ángel
          que un día   saltó desde su oreja

y el ser que el poema le dictaba   no pudo esperar
          mi abrazo solidario
en soledad   su ángel   se hizo ceniza

(Basado en el soneto "Salmo XVII: Miré los muros de la patria mía" de Francisco de Quevedo)

I GAZED UPON THE FOOTPRINT   OF MY SHADOW

I gazed upon the footprint   of my shadow
the one that once was strong   is now in pieces
curved by age in its natural grimace
                    its treachery

I ran to the plaza   I saw the sun already boiling

over the tears spilled there   in my absence
the whimpering   now murmuring   of the people
stole   without regret   my penance

I entered my home   the poet   died there
it was empty   and   without remains
far away   I saw the angel run
            that one day   had leapt from its ear

and the being that the poem dictated to him   couldn't wait
                        my supportive arm
in solitude   his angel   became dust

(Based on the sonnet "Psalm XVII: I looked upon my native country's walls" by Francisco de Quevedo)

CUANDO ME PARO A CONTEMPLAR   MIS FOTOS

Cuando me paro   a contemplar   mis fotos
y veo el camino   por mi rostro   recorrido
el laberinto   de mis pasos   y mi suerte
la bella suerte   de no haber caído

Fotos   fotografías
fotogramas   y retratos
luz congelada   de la infamia
imagen que se salva   del olvido
¿pudo ser peor?   —pregunto y me consumo

Me consumo   y   como un cordero
          me entrego
          a quien vendrá
          a ejecutarme

Mi voluntad está muerta   —le explico cuando llega
no sufras
ven
y dale punto final a mi existencia

(Basado en "Soneto I: Cuando me paro a contemplar mi 'stado" de Garcilaso de la Vega)

WHEN I STOP TO CONTEMPLATE   MY PHOTOS

When I stop   to contemplate   my photos
and I see the path   my face   has traveled
the labyrinth   of my steps   and my luck
lovely luck   of not having fallen

Photos   photographs
photograms   and portraits
frozen light   of infamy
image saved   from oblivion
could it be worse?   —I ask and I'm gutted

I'm gutted   and   like a lamb
                  I surrender
                  to my
                  executioner

My will is dead   —I explain when he arrives
don't suffer
come here
and put an end to my existence

(Based on "Soneto I: Cuando me paro a contemplar mi 'stado" by Garcilaso de la Vega)

INSCRITA ESTÁ EN MI ALMA   TU MUECA FRÍA

Inscrita está en mi alma   tu mueca fría
la más fría de tus caras   me apuñala
y es el gesto con que existes   en mis versos
lejos de mí
       lejos
           a lo lejos

Aquí estoy   y estaré
para guardar tu ausencia   y la luz
la helada luz   que así me dejas
en mi ignorancia   mi estulticia
mi inocencia
como un obsequio   de mi muerte
que se acerca

Yo no nací sino para quereros
la herida en el alma   que hoy me dejas
ha cortado mi dolor   a tu medida
todo este dolor   os debo
te confieso   este dolor que a solas
       hoy me abriga

por vos a de seguir
lejos de ti
       lejos
           a lo lejos

(Basado en "Soneto V: Escrito 'stá en mi alma vuestro gesto" de Garcilaso de la Vega)

YOUR COLD GRIMACE   IS WRITTEN ON MY SOUL

Your cold grimace   is written on my soul
the coldest of your faces   stabs me
and it's the expression   you wear in my verses
far from me
                far
                        far away

I'm here   and I will be
to watch over your absence   and light
frozen light   you leave me with
in my ignorance   my foolishness
my innocence
like a token   of my death
that approaches

I was not born but to love you
the wound in my soul   that you leave me today
has cut my pain   to your size
all of this pain   I owe to you
I confess   this pain alone
                               covers me today

for you to follow
far from you
                far
                        far away

(Based on "Soneto V: Escrito 'stá en mi alma vuestro gesto" by Garcilaso de la Vega)

DE AQUELLAS MANOS PURAS Y DILIGENTES

De aquellas manos puras   y diligentes
salen letras vivas   y encendidas
siendo por mi teléfono   recibidas
llegan en silencio   hasta mi mente

Se encuentra en el aire   fácilmente
con mis textos
que de antena en antena   van volando
hacia su máquina feliz   y reluciente

Presente   en mi pantalla   la observo
y su presencia virtual   me conmueve
y mi espíritu de amante   se enciende

mi amor es así   virtual   y penitente
silencioso   solitario   y distante
y revienta por salir   donde no hay salida

(Basado en "Soneto VIII: De aquella vista pura y excelente" de Garcilaso de la Vega)

FROM THOSE PURE AND   DILIGENT HANDS

From those pure and   diligent hands
flow intense and burning   lyrics
received   on my telephone
they arrive in silence   in my mind

They can be found in the air easily
with my texts
that go flying   from antenna to antenna
towards her happy   and shiny machine

Present   on my screen   I observe her
and her virtual presence   moves me
and my lover's spirit   ignites

my love is like that   virtual   and penitent
silent   solitary   and distant
and it longs to burst forth   where there isn't a way out

(Based on "Soneto VIII: De aquella vista pura y excelente" by Garcilaso de la Vega)

SI A LA REGIÓN DESIERTA   INHABITABLE

I.

Si a la región desierta   inhabitada
la que llaman tierra   de la muerte
donde habita la parca   congelada
por una mala pasada   de la suerte
una broma de Zadig   o de su ángel
algún día   quizá enferma
quizá dormida   o engañada
un día
la condenada pelona   te llevara
allí iría a buscar tu cuerpo   ardiente
y lo abrazara

No me importa   morir
vivir sin ti   ya es la muerte

IF AT THE UNINHABITABLE   DESERT REGION

I.

If at the uninhabitable   desert region
the one they call the land   of death
where Death lives   frozen
from a streak   of bad luck
a joke of Zadig   or from his angel
someday   perhaps ill
perhaps asleep   or deceived
one day
if damned Death   takes you there
I would search for your   burning body
and I would embrace it

I don't mind   dying
living without you   is already death

II.

Deja la soberbia y el gesto   cruel
no te alimentes más   con mis males
no has de tener conmigo   *que ver más*
en malo o en bueno
y trátame   *como ajeno*
pasa a mi lado   como frente a una tumba
y déjame allí en el suelo   frío y congelado
tranquila
aprenderás a mentir   o ¿ya lo sabes?

(Basado en "Canción I: Si a la región desierta, inhabitable" de Garcilaso de la Vega)

Leave your pride and cruel   gesture
don't feed off   my wrongdoings anymore
you don't have to see me   *anymore*
good or bad
and treat me   *like a stranger*
walk by my side   as in front of a tomb
and leave me there   on the cold and frozen ground
tranquil
you will learn to lie   or do you already know?

(Based on "Canción I: Si a la región desierta, inhabitable" by Garcilaso de la Vega)

EN TANTO QUE EL PRADA   Y EL CHANEL

En tanto que el Prada   y el Chanel
mantengan   *la color*   ahí en tu gesto,
y que tu mirar ardiente   ¿honesto?
encienda la pasión   en un Cartier

y en tanto que el cabello   y su peróxido
de oro se sostenga   con gracia calculada
por el hermoso cuello blanco y la espalda
el viento mueve   esparce y desordena

coge en tu alegre   primavera
consume el fruto   en el tiempo congelado
y olvida la vejez   que ya no existe

Sólo la pobreza   puede hacerte horrible
hacerte envejecer   como castigo
por no hacer   mudanza   en tu vestido

(Basado en "Soneto XXIII: En tanto que de rosa y azucena" de Garcilaso de la Vega)

AS LONG AS PRADA   AND CHANEL

As long as Prada   and Chanel
maintain   the color   there in your countenance
and your burning glance   (honest?)
ignites passion   in a Cartier

and as long as your hair   and its golden
peroxide flows   with calculated grace
when the wind wraps it around your beautiful white
neck and back   as it blows

harvest in your joyous   spring
consume the fruit   in the frozen time
and forget about old age   that no longer exists

Only poverty   can make you horrible
make you age   as a punishment
for never changing your way   in your dress

(Based on "Sonnet XXIII: En tanto que de rosa y azucena" by Garcilaso de la Vega)

VENGANZA   EN FIGURA DE CONSEJO

A solas   con tu cabeza   contra la ventana
recuerdas   en duermevela la edad
despierta
ya nadie   dice tu nombre   en una canción de fiebre
     ¡Despierta!

Mustia la primavera   *la luz muerta*
del nuevo siglo hoy   tu frente en cana
ronca la voz   la espalda corva
hoy sientes
que el mundo pasa   pasa   y todo pasa

Suspirada entonces   *hoy suspiras*
y el dolor causado   que   te solazaba
se hace espejo   allí   hoy donde miras

Ya viene   tú lo sabes
como un amante   herido que ahora triunfa
la muerte   y el abrazo frío
    de la nada

(Basado en el soneto CXCVI b "Venganza en figura de consejo a la hermosura pasada" de Francisco de Quevedo)

REVENGE   IN THE FORM OF ADVICE

Alone   with your head   against the window
you remember in your slumber the age
wake up
nobody says   your name anymore   in a song of fever
          Wake up!

The withered spring   *the dead light*
of the new century today   your gray forehead
raspy voice   hunched back
today you feel
that the world goes round and round and everything comes to pass

Yearning then   *you yearn today*
and the pain inflicted   that   you took pleasure in
becomes a mirror   there   where gaze falls today

It's coming   you know it
like a wounded   lover that now triumphs over
death   and the frigid embrace
          of nothingness

(Based on the sonnet CXCVI b "Venganza en figura de consejo a la hermosura pasada" by Francisco de Quevedo)

EL POETA Y SU SOMBRA: PALABRAS DICHAS   EN VOZ ALTA

Yo   como todos los poetas   sufro de tristeza
de contradicción   y locura
                          y hasta un poco de sarna
Yo   como todos los poetas   voy por ahí pensando en voz alta
digo una y otra cosa
                 y levanto mi copa en las tabernas
cantinas   bodegas   barras   pulperías   colmados y tascas

Yo   como todos los poetas   conozco el hambre y el camino
y allí   entre el camino   y el hambre   me acobija la memoria
el recuerdo de unos versos
                quizá cantados por otro
el abrazo de unos versos
                quizá robados a otro
que entre cadencias de aire
              al paso dilatan mi sombra

Yo   como todos los poetas   he perdido a un amigo
aunque de esto   nada he de decir   pues es pública noticia
que en los depravados invita   la risa o la malicia
y hace llorar al bufón   al arlequín que me habita
desde que vine a esta isla

THE POET AND HIS SHADOW: WORDS SAID   ALOUD

I   like all poets   suffer from sadness
from contradiction   and insanity
                   and even a little bit of mange
I   like all poets   walk around thinking aloud,
I say this and that
                   and I raise my glass in taverns
cantinas   wineries   bars   pubs   alehouses and taprooms

I   like all poets   know hunger and the way
and there   between the way and the hunger   memory blankets me with
the remembrance of a few verses
                 perhaps sang by another
the embrace of a few verses
                 perhaps stolen from another
expand my shadow
                 between passing beats of air

I   like all poets   have lost a friend
although I have nothing to say   about this   since it's public knowledge
that invokes   laughter or malice   in the depraved
and it makes the jester cry   the harlequin that inhabits me
since I've arrived at this island

COMO UN TORO   ABALEADO   POR EL MONARCA

Ya entra en mi sien   el sol incandescente
entra ya en mi sien   un dolor que baja al pecho
como una premonición   un aviso de la muerte
ya vive en mi sien   el proyectil su desprecio
la agonía del olvido   y su sombra indeleble

Como un toro   abaleado   en el silencio de la plaza
temo levantar la mirada
ver en los ojos del verdugo   el rostro de la amada
la risa sardónica   y   condescendiente
el rostro del olvido   que roba   quita la vida
           y mata

(Basado en el soneto "Al toro a quien con bala dio muerte el Rey Nuestro Señor" de Francisco de Quevedo

LIKE A BULL   SHOT BY THE MONARCH

The incandescent sun   enters my temple now
enters now my temple   a pain that descends to my chest
like a premonition   a notice of death
now lives in my temple   the projectile its disdain
agony of oblivion   and its indelible shadow

Like a bull   shot   in the silence of the plaza
I'm afraid to raise my eyes
see in the executioner's eyes   the face of my beloved
sardonic   and   condescending laugh
the face of oblivion   that steals   takes life
              and kills

(Based on the sonnet "Al toro a quien con bala dio muerte el Rey Nuestro Señor" by Francisco de Quevedo)

ESCLAVO   DE MIS ANSIAS

Esclavo   de mis ansias   hoy suspiro
y de mis propias culpas   prisionero
pido a la vida un premio   ajeno   ya negado
pido a la vida el calor   de un abrazo
hasta la muerte
            y la muerte toda
            y siempre
                  en ese abrazo

(Basado en el soneto "Enseña cómo es rico el que tiene mucho caudal" de Francisco de Quevedo)

SLAVE   TO MY DESIRE

Slave   *to my desire*   *I sigh today*
and prisoner   *of my own guilt*
I ask life for a prize   far removed   already rejected
I ask life for the warmth   of an embrace
until death
       and complete death
       and always
          in that embrace

(Based on the sonnet "Enseña cómo es rico el que tiene mucho caudal" by Francisco de Quevedo)

DE AJENAS DESNUDECES   TE SOCORRES

De ajenas desnudeces   *te socorres*
es decir   vistes la piel del otro
buscando el mismo yo   que te es esquivo
Cuando ajenas desnudeces   ya te abrigan
has triunfado en este mundo   de apariencia
y procesos   *de mármol*   *multiplicas*
como un trofeo   llevas en tu epidermis
la piel del otro
     el sudor del otro
         su dolor   su miseria
como un trofeo   lo vistes y lo exhibes
en pasarelas   y   clubes
en reuniones   y   ferias
De ajenas desnudeces   *te socorres*
incluso cuando callas   ya te cubren
la tibieza de los brazos   que trabajan
incluso cuando lloras   te socorres
del llanto   ajeno que te envuelve
y en la distancia
     ya te llama

(Basado en el soneto "LVIII Moralidad útil contra los que hacen adorno propio de la ajena desnudez" de Francisco de Quevedo)

YOU COMFORT YOURSELF   WITH THE NAKEDNESS OF OTHERS

You comfort yourself   *with the nakedness of others*
that is   you wear another's skin
searching for   the very me that evades you
When the nakedness of others   covers you
you've triumphed in this world   of appearances
and you multiply   *processes*   *of marble*
like a trophy   you wear on your skin
the skin of another
      the sweat of another
          his pain   his misery
like a trophy   you wear it and you exhibit it
on runways   and   clubs
in parties   and   festivals
You comfort yourself   *with the nakedness of others*
even when you're quiet   they already cover you
the lukewarmness of working   arms
even when you cry   you comfort yourself
with others'   crying that covers you
and in the distance
    it already calls out to you

(Based on the sonnet "LVIII Moralidad útil contra los que hacen adorno propio de la ajena desnudez" by Francisco de Quevedo)

EL TIEMPO QUE HE PERDIDO   EN QUERER IRME

Todo es amor   *en quien de veras ama*
todo es ceder   y renunciar
               te digo

Como un mantra   es el llanto de la sombra
que sigue   al que se marcha de su casa
todo es dolor   en quien de veras llora
la ausencia del hogar o de un abrazo

(Basado en el soneto "Todo es amor en quien de veras ama" de Juan Boscán Almogáver)

THE TIME THAT I'VE LOST   WANTING TO LEAVE

Everything is love   *in he who truly loves*
everything is surrendering   and renouncing
           I say

Like a mantra   it's the shadow's sobbing
that follows   he who leaves home
everything is pain   in he who truly cries
the absence of home or an embrace

(Based on the sonnet "Todo es amor en quien de veras ama" by Juan Boscán Almogáver)

PIÉLAGO   DE MAR

¡Oh piélago   de mar   que te enriqueces
con los despojos del ser   en infinitas muertes!
Piélago sí   piel del silencio
oscuro   y profundo
como una lápida   de agua   permanente
a veces quisiera
            caer desde el cielo   hasta tu panza
como un guijarro   abandonado   por un ave
caer sin voluntad   hasta tu vientre
y convertirme   en un pez de su inframundo
ciego   y   solitario
            traslúcido   talvez
            y fluorescente
un calamar   de cristal
un molusco gigante
            y silencioso

(Basado en el soneto "O gran fuerza de amor, que así enflaqueces" de Juan Boscán Almogáver)

OPEN   SEA

Oh open   sea   embellished
with the spoils of being   in infinite deaths!
Open sea yes skin of silence
dark   and profound
like a permanent   tombstone   of water
sometimes I wish
          I could fall from the sky   to your breast
like a pebble   abandoned by   a bird
fall without will   to your womb
and become   a fish in its underworld
blind   and   solitary
               perhaps   translucent
               and fluorescent
a crystal   squid
a giant mollusk
               and silence

(Based on the sonnet "O gran fuerza de amor, que así enflaqueces" by Juan Boscán Almogáver)

AGRADECIMIENTOS

Queremos expresar nuestro agradecimiento a Academy of American Poets por convocar y mantener este premio que reconoce el valor cultural y literario de la poesía escrita en español en los Estados Unidos y por estimular la colaboración entre autores y traductores. Un agradecimiento especial a Nikay Paredes por su trabajo facilitando el proceso. En University of Arizona Press quisiéramos agradecer a Amanda Krause, Julia Balestracci, Scott De Herrera, Romie Hernández Morgan y Mari Herreras por el acompañamiento y respaldo durante el proceso de edición y publicación. A Rigoberto González, infinitas gracias por seleccionar este libro y honrarnos con esta distinción.

—*Carlos Aguasaco y Jennifer Rathbun*

Quiero expresar mi gratitud a Division of Interdisciplinary Studies (CWE) en The City College of New York y a nuestro Decano Juan Carlos Mercado por su apoyo sostenido durante mi carrera. Como mi jefe y mentor, el Profesor Mercado ha sido una fuente de inspiración y un ejemplo de dedicación al trabajo. Gracias también a mis colegas y estudiantes en el Department of Interdisciplinary Studies por el diálogo intelectual y humano que me nutre y anima a seguir escribiendo.

A mis amigos, los poetas William Beltrán, Yrene Santos y Carlos Velásquez Torres, mi agradecimiento por todo lo que hemos construido juntos y mi abrazo en poesía. A mi esposa y mis hijos, gracias por ser mis primeros lectores y por sus inspiradoras miradas a la realidad que nos rodea. A mi padre, a pesar de la distancia, gracias por enseñarme a ver más allá de lo evidente. A mi madre, gracias por la entrega y la entereza, por su ejemplo de trabajo incansable y generosidad infinita. A mis hermanos Jhon y Gilma Milena, gracias por acompañarme siempre y por su respaldo incondicional manifestado en cada recodo del camino, en cada gesta, en cada despedida, y en cada poema.

A Freddy, Carolina, Carol, Jairo, Pilar, Julia, Abeer, Juan Armando, Khalid, Rei, Ahmad, Mateo, Shiva, Tina, Mary Ellen, Cele, Christopher, Tom, Tommy, Claudia, Michell, Jeremy, Gabriel, Jairo, Orlando, María, Yuri, Alexander, Andrea, Ricardo, Yaneth, Lucila, Yanira, Tomás, Juana, Daniel, Ana, Richard, Delia, Ignacio, Eduardo, Carlos, Edwin, Mónica, Alba, Germán, Arturo, María M., Manuel, Rossy, Gerald, Luis, María Ángeles, Jorge, Carmenza, Rosalía, Margarita, Guillermo, Johana, Eduard, Nicole, y a todas las personas que constituyen mi familia extendida a la que debo de una u otra forma cada verso de este libro. A todas las personas que no alcanzo a nombrar pero que con su amistad componen el poema vivo de la vida, gracias. Y a Jennifer Rathbun gracias por el diálogo constante y por darle voz a mi voz en inglés.

—*Carlos Aguasaco*

Quiero agradecer al maravilloso escritor chicano, Miguel Méndez (1930–2013), quien me animó a empezar a perseguir la traducción literaria durante mis años de doctorado en la Universidad de Arizona. Un agradecimiento especial a mi decana Maureen McCarthy en Ball State University por su apoyo en esta nueva etapa de mi carrera, agradezco también a mis colegas en Ashland University y a mi familia por su apoyo incondicional. Además, agradezco a los poetas cuyas voces he tenido el placer de representar en inglés y a Carlos Aguasaco por haberme confiado su voz en este proyecto.

—*Jennifer Rathbun*

ACKNOWLEDGMENTS

We want to express our gratitude to the Academy of American Poets for granting and maintaining this award that recognizes the cultural and literary value of poetry written in Spanish in the United States and for stimulating collaboration between authors and translators. A special thanks to Nikay Paredes for her work facilitating the process. At the University of Arizona Press we would like to thank Amanda Krause, Julia Balestracci, Scott De Herrera, Romie Hernández Morgan, and Mari Herreras for their accompaniment and support during the editing and publication process. To Rigoberto González, infinite thanks for selecting this book and honoring us with this distinction.

—*Carlos Aguasaco and Jennifer Rathbun*

I want to express my gratitude to the Division of Interdisciplinary Studies (CWE) at The City College of New York and to our Dean Juan Carlos Mercado for his sustained support throughout my career. As my boss and mentor, Professor Mercado has been a source of inspiration and an example of dedication to work. Thanks also to my colleagues and students in the Department of Interdisciplinary Studies for the intellectual and human dialogue that nurtures and encourages me to continue writing.

To my friends, the poets William Beltrán, Yrene Santos and Carlos Velásquez Torres, my thanks for everything we have built together and my embrace in poetry. To my wife and children, thank you for being my first readers and for your inspiring way of seeing the reality around us. To my father, despite the distance, thank you for teaching me to see beyond the obvious. To my mother, thank you for your dedication and integrity, for your example of tireless work and infinite generosity. To my brother and sister Jhon and Gilma Milena, thank you for always accompanying me and for your unconditional support manifested at every turn of the road, in every achievement, in every farewell, and in every poem.

To Freddy, Carolina, Carol, Jairo, Pilar, Julia, Abeer, Juan Armando, Khalid, Rei, Ahmad, Mateo, Shiva, Tina, Mary Ellen, Cele, Christopher, Tom, Tommy, Claudia, Michell, Jeremy, Gabriel, Jairo, Orlando, María, Yuri, Alexander, Andrea, Ricardo, Yaneth, Lucila, Yanira, Tomás, Juana, Daniel, Ana, Richard, Delia, Ignacio, Eduardo, Carlos, Edwin, Mónica, Alba, Germán, Arturo, María M., Manuel, Rossy, Gerald, Luis, María Ángeles, Jorge, Carmenza, Rosalía, Margarita, Guillermo, Johana, Eduard, Nicole, and to all the people who make up my extended family to whom I owe in one way or another each verse of this book. To all the people that I cannot name but who with their friendship make up the living poem of life, thank you. And to Jennifer Rathbun, thank you for the constant dialogue and for giving voice to my voice in English.

—*Carlos Aguasaco*

I want to thank the wonderful Chicano writer, Miguel Méndez (1930–2013), who encouraged me to begin pursuing literary translation during my Ph.D. at the University of Arizona. A special thanks to my Dean Maureen McCarthy at Ball State University for her support in this new stage of my career. I also want to thank my colleagues at Ashland University and my family for their unconditional support. In addition, I thank the poets whose voices I have had the pleasure of representing in English and Carlos Aguasaco for having entrusted me with his voice in this project.

—*Jennifer Rathbun*

ABOUT THE AUTHOR

CARLOS AGUASACO (Bogota 1975) is professor of Latin American cultural studies and chair of the Department of Interdisciplinary Arts & Sciences at the City College of the City University of New York (CUNY). He has edited eleven literary anthologies and published seven books of poems, most recently *The New York City Subway Poems* (Ashland Poetry Press, 2020). He has also published a short novel and an academic study of Latin America's prime superhero, *El Chapulín Colorado*. He is the editor of *Transatlantic Gazes: Studies on the Historical Links between Spain and North America* (IF-UAH, 2018). Carlos is the founder and director of Artepoetica Press (artepoetica.com). He is also director of the Americas Poetry Festival of New York (poetryny.com) and coordinator of the Americas Film Festival of New York (taffny.com). His poems have been translated into English, French, Portuguese, Romanian, Galician, and Arabic. carlosaguasaco.com.

ABOUT THE TRANSLATOR

JENNIFER RATHBUN is a professor of Spanish and chair of the Department of Modern Languages and Classics at Ball State University. She's published sixteen books of poetry in translation by Hispanic authors such as Alberto Blanco, Minerva Margarita Villarreal, Fernando Carrera and Juan Armando Rojas Joo; two anthologies of poetry denouncing femicide along the U.S.-Mexico border; and the poetry collection *El libro de las traiciones* / *The Book of Betrayals*. Rathbun completed her PhD at the University of Arizona in Spanish, specializing in contemporary Latin American literature. She's a member of the American Literary Translators Association and serves as associate editor of Ashland Poetry Press.